中华人民共和国行业标准

公路工程标准体系

Standard System for Highway Engineering

JTG 1001—2017

主编单位：交通运输部公路局
　　　　　中国工程建设标准化协会公路分会
批准部门：中华人民共和国交通运输部
实施日期：2018 年 01 月 01 日

人民交通出版社股份有限公司

律师声明

本书所有文字、数据、图像、版式设计、插图等均受中华人民共和国宪法和著作权法保护。未经人民交通出版社股份有限公司同意，任何单位、组织、个人不得以任何方式对本作品进行全部或局部的复制、转载、出版或变相出版。

任何侵犯本书权益的行为，人民交通出版社股份有限公司将依法追究其法律责任。

有奖举报电话：（010）85285150

北京市星河律师事务所
2017年10月31日

图书在版编目（CIP）数据

公路工程标准体系：JTG 1001—2017 / 交通运输部公路局，中国工程建设标准化协会公路分会主编. — 北京：人民交通出版社股份有限公司，2017.12
 ISBN 978-7-114-14300-7

Ⅰ. ①公… Ⅱ. ①交… ②中… Ⅲ. ①道路工程—标准体系—中国 Ⅳ. ①U41-65

中国版本图书馆 CIP 数据核字（2017）第 271494 号

标准类型：	中华人民共和国行业标准
标准名称：	公路工程标准体系
标准编号：	JTG 1001—2017
主编单位：	交通运输部公路局
	中国工程建设标准化协会公路分会
责任编辑：	吴有铭　李　沛
出版发行：	人民交通出版社股份有限公司
地　　址：	（100011）北京市朝阳区安定门外外馆斜街3号
网　　址：	http://www.ccpress.com.cn
销售电话：	（010）59757973
总 经 销：	人民交通出版社股份有限公司发行部
经　　销：	各地新华书店
印　　刷：	北京市密东印刷有限公司
开　　本：	880×1230　1/16
印　　张：	2
字　　数：	50千
版　　次：	2017年12月　第1版
印　　次：	2018年3月　第3次印刷
书　　号：	ISBN 978-7-114-14300-7
定　　价：	20.00元

（有印刷、装订质量问题的图书，由本公司负责调换）

中华人民共和国交通运输部

公 告

第 43 号

交通运输部关于发布
《公路工程标准体系》的公告

现发布《公路工程标准体系》(JTG 1001—2017)，作为公路工程行业标准，自 2018 年 1 月 1 日起施行，原《公路工程标准体系》(JTG A01—2002) 同时废止。

《公路工程标准体系》(JTG 1001—2017) 的管理权和解释权归交通运输部，日常解释和管理工作由中国工程建设标准化协会公路分会负责。

请各有关单位注意在实践中总结经验，及时将发现的问题和修改建议函告中国工程建设标准化协会公路协会（地址：北京市海淀区西土城路 8 号，邮政编码：100088），以便修订时研用。

特此公告。

中华人民共和国交通运输部
2017 年 10 月 31 日

交通运输部办公厅	2017 年 11 月 1 日印发

前　言

标准体系是编制标准制、修订规划和计划的重要依据。《公路工程标准体系》是公路领域现有、应有和预计制定标准的蓝图，随着科学技术的发展而不断更新和充实。

随着我国公路网规模的快速形成，以建设为重心的标准体系逐渐不能满足公路发展转型升级的需要，公路建设、管理、养护、运营标准应均衡发展并适度超前，以适应并引导行业规范发展。

此次修订主要依据《中华人民共和国公路法》《中华人民共和国标准化法》《收费公路管理条例》《公路安全保护条例》《中华人民共和国道路运输条例》等法律法规和《标准体系表编制原则和要求》（GB/T 13016—2009）等相关标准，按照《国务院关于印发深化标准化工作改革方案的通知》（国发〔2015〕13号）、《国务院办公厅关于印发国家标准化体系建设发展规划（2016—2020年）的通知》（国办发〔2015〕89号）等要求，立足公路交通发展实际，对原体系框架进行了全面调整，以符合公路"建、管、养、运"协调发展的总体思路。在具体内容上，建设标准重在总结提升，养护标准重在补充完善，管理和运营标准重在创立创新。

修订后的《公路工程标准体系》共分为5章，分别是：1 总则、2 术语、3 体系结构、4 内容及范围、5 编号规则，着重规定了公路工程标准体系的层次结构、制定原则及内容等。

《公路工程标准体系》由交通运输部公路局和中国工程建设标准化协会公路分会承担编制，中国工程建设标准化协会公路分会负责日常的管理。请各有关单位在执行过程中，将发现的问题和意见，函告本规范日常管理组，联系人：刘怡林（地址：北京市海淀区西土城路8号，中国工程建设标准化协会公路分会，邮编：100088；电话：010-62079839，传真：010-62079983；电子邮箱：shc@rioh.cn），以便修订时参考。

第一主编单位：交通运输部公路局
第二主编单位：中国工程建设标准化协会公路分会
参 编 单 位：交通运输部公路科学研究院
　　　　　　　　交通运输部管理干部学院
　　　　　　　　公路养护技术国家工程研究中心
　　　　　　　　交通运输部路网监测与应急处置中心

主　　　　编：燕　科
主要参编人员：刘怡林　陶汉祥　王松波　韩　彬　柴　华　张柱庭
　　　　　　　　陈　晖　王松根　弋晓明　陈智宏　张纪升
主　　　　审：李春风
参与审查人员：聂承凯　李彦武　黄成造　刘伯莹　邓卫东　胡　钢
　　　　　　　　朱书文　沈国华　祖熙宇　舒　森　陆新民　戈权民
　　　　　　　　王　军　吴有铭

目　次

1 总则 ··· 1
2 术语 ··· 2
3 体系结构 ·· 3
　3.1 体系框架 ··· 3
　3.2 板块构成 ··· 4
4 内容及范围 ·· 5
　4.1 总体 ··· 5
　4.2 通用 ··· 5
　4.3 公路建设 ··· 5
　4.4 公路管理 ··· 6
　4.5 公路养护 ··· 7
　4.6 公路运营 ··· 7
5 编号规则 ·· 9
附件　《公路工程标准体系》（JTG 1001—2017）条文说明 ······························· 11
1 总则 ··· 13
2 术语 ··· 14
3 体系结构 ··· 15
4 内容及范围 ··· 17
5 编号规则 ··· 24

1 总则

1.0.1 为加强公路工程标准构成的科学性和系统性，适应公路建设、管理、养护、运营的需要，制定本体系。

1.0.2 本体系适用于公路领域的行业标准。

1.0.3 体系范围包括公路工程从规划建设到养护管理全过程所需要制定的技术、管理与服务标准，也包括相关的安全、环保和经济方面的评价等标准。

1.0.4 体系制定贯彻创新、协调、绿色、开放、共享的发展理念，立足公路交通发展阶段的内在联系和规律，反映一定时期内公路工程发展的需求。

1.0.5 体系标准分为强制性标准和推荐性标准。涉及保障人身健康和生命财产安全、国家安全、生态环境安全和满足社会经济管理基本要求的为强制性标准，其余为推荐性标准。

1.0.6 体系结构充分考虑公路建设、管理、养护、运营需协调的各种要求、指标、概念以及相互关系，并随着科学技术的发展不断地更新和完善。

1.0.7 体系内容与交通运输其他标准体系协调配套。

2 术语

2.0.1 公路工程标准体系　standard system for highway engineering

公路工程建设、管理、养护、运营相关标准按其内在联系形成的科学的有机整体。

2.0.2 板块　plate

公路工程标准体系的第一层分类,是具有自成体系性和内在相关性的标准的集合。

2.0.3 模块　module

公路工程标准体系的第二层分类,是板块内具有共同特征或为实现某一功能而相互关联的要素的单元。

3 体系结构

3.1 体系框架

3.1.1 公路工程标准的体系结构分为三层：
1 第一层为板块，按照公路建设、管理、养护、运营协调发展要求所做的标准分类。
2 第二层为模块，在各板块中归纳现有、应有和计划制修订的标准的具体类别。
3 第三层为标准。

3.1.2 公路工程标准体系框架如图3.1.2所示。

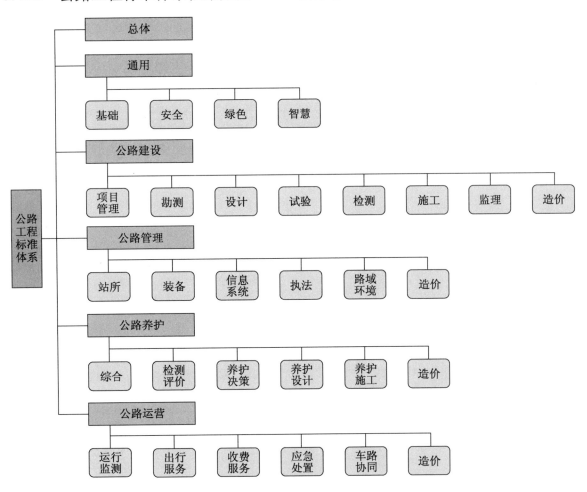

图 3.1.2 公路工程标准体系框架

3.2 板块构成

3.2.1 公路工程标准体系由总体、通用、公路建设、公路管理、公路养护、公路运营六个板块构成。

3.2.2 总体板块是公路工程标准体系、标准管理及标准编制的总体要求，明确公路工程标准的定位，是公路工程标准管理及编写应执行的规定和要求。

3.2.3 通用板块是公路建设、管理、养护、运营所遵循的基本要求，明确公路建设、公路管理、公路养护和公路运营四个板块的共性功能、指标及相互关系。

3.2.4 公路建设板块是实施公路新建和改扩建工程所遵循的技术和管理要求。

3.2.5 公路管理板块是公路管理和运政执法所遵循的技术和管理要求。

3.2.6 公路养护板块是公路既有基础设施维护所遵循的技术和管理要求。

3.2.7 公路运营板块是公路运营、出行服务和智能化所遵循的技术、管理和服务要求。

3.2.8 公路建设、公路管理、公路养护、公路运营板块中对同一事物从不同角度提出的要求应相互协调、互为补充。

4 内容及范围

4.1 总体

4.1.1 总体板块由《公路工程标准体系》、《公路工程标准制修订管理导则》、《公路工程标准编写导则》等标准构成。

4.2 通用

4.2.1 通用板块由基础、安全、绿色、智慧等模块构成。

4.2.2 基础模块确定公路工程中有关安全、环保、公众利益、工程质量等基础性技术指标的标准。

4.2.3 安全模块以保障公路建设、管理、养护、运营过程中的人身健康和生命财产安全为目的,确定设计、施工、运营等环节的安全评价、风险防控、应急处置等基础性标准。

4.2.4 绿色模块以促进公路环境保护、资源节约与节能减排为目的,确定生态保护与修复、材料循环利用、能效与排放等基础性标准。

4.2.5 智慧模块以提升公路信息化、智能化水平为目的,确定公路信息化总体框架、系统功能、基础数据、数据质量、传输网络、网络安全、信用体系、能源网络等基础性标准。

4.3 公路建设

4.3.1 公路建设板块由项目管理、勘测、设计、试验、检测、施工、监理、造价等模块构成。

4.3.2 项目管理模块用于指导公路建设项目的过程管理,由组织实施、过程监管、考核评价等标准构成。

4.3.3 勘测模块用于指导公路调查与测量，由公路勘测、工程地质勘察、工程水文勘测设计等标准构成。

4.3.4 设计模块用于指导公路新建或改扩建工程设计，由路线、路基、路面、桥涵、隧道、交通工程及沿线设施等设计标准构成。

4.3.5 试验模块用于指导公路设计、施工、养护、运营等环节的室内试验，由土工试验、土工合成材料试验、岩石试验、集料试验、结合料试验、沥青及沥青混合料试验、水泥及水泥混凝土试验等标准构成。

4.3.6 检测模块用于指导公路设计、施工、运营等环节的现场检测，由路基路面现场测试、桥梁现场检测、隧道现场检测、机电系统现场检测等标准构成。

4.3.7 施工模块用于指导公路新建或改扩建工程施工作业及管理，由路基、路面、桥涵、隧道、交通工程及沿线设施等施工标准构成。

4.3.8 监理模块用于指导公路工程施工的监督管理、咨询服务，由工程施工监理等标准构成。

4.3.9 造价模块用于指导公路建设立项、设计、施工及竣工验收等各个阶段造价确定和控制，由造价文件编制导则、投资估算、概算预算、工程量清单等标准构成。

4.4 公路管理

4.4.1 公路管理板块由站所、装备、信息系统、执法、路域环境、造价等模块构成。

4.4.2 站所模块用于指导基层路政执法、运政执法的站所建设，由基层站所建设等标准构成。

4.4.3 装备模块用于指导基层路政、运政执法的装备配置和设施建设，由执法车辆配置、取证仪器设备配备、现场处置设备配备等标准构成。

4.4.4 信息系统模块用于指导路政、运政执法的执法信息系统建设，由行政执法信息系统、信用系统等标准构成。

4.4.5 执法模块用于指导路政、运政行政执法行为及评价，由行政许可、行政处罚、行政强制、行政检查、执法评价等标准构成。

4.4.6 路域环境模块用于指导路域环境的治理，由路域环境管理的评定指标、现状检查、效果评价等标准构成。

4.4.7 造价模块用于指导公路管理资金预算及实施的造价确定和控制，由站所、装备、信息系统、人员、业务经费指标等标准构成。

4.5 公路养护

4.5.1 公路养护板块由综合、检测评价、养护决策、养护设计、养护施工、造价等模块构成。

4.5.2 综合模块用于指导公路及其各类设施的养护，由公路养护总体要求和各专业养护要求等标准构成。

4.5.3 检测评价模块用于指导既有公路基础设施的检测、评价，由现场检测及监测、技术状况评定、设施性能评价等标准构成。

4.5.4 养护决策模块用于指导公路养护规划及计划编制，由决策方法、数据管理等标准构成。

4.5.5 养护设计模块用于指导公路既有设施的养护设计，由路基、路面、桥涵、隧道、交通工程及沿线设施等标准构成。

4.5.6 养护施工模块用于指导公路既有设施的养护施工作业及管理，由路基、路面、桥涵、隧道、交通工程及沿线设施、施工作业和施工管理等标准构成。

4.5.7 造价模块用于指导公路养护资金预算以及养护工程各阶段的造价确定和控制，由公路养护预算导则、预算、工程量清单等标准构成。

4.6 公路运营

4.6.1 公路运营板块由运行监测、出行服务、收费服务、应急处置、车路协同、造价等模块构成。

4.6.2 运行监测模块用于指导公路沿线设施及与互联网技术融合的监测体系建设、运行与管理，由公路沿线监测设施设置、基于移动终端的智能感知、云平台技术要求、"互联网＋"技术融合应用等标准构成。

4.6.3 出行服务模块用于指导公路沿线服务区及沿线信息发布设施的运行、管理及服务，由服务设施和出行信息服务等标准构成。

4.6.4 收费服务模块用于指导收费公路联网收费系统的建设、管理、运营和服务，由软硬件技术要求、操作流程、联网运营和服务规范、收费信用体系等标准构成。

4.6.5 应急处置模块用于指导公路应急能力建设、应急资源管理和公路突发事件应急处置，由应急中心建设、装备与物资配备、应急处置技术等标准构成。

4.6.6 车路协同模块用于指导车路交互方式的驾驶安全预警与交通控制系统的建设、运营服务，由路侧智能设施设置、车路交互通信、安全预警等标准构成。

4.6.7 造价模块用于指导路网运行监测、应急处置、出行服务等资金预算的确定和控制，由人员、设备、业务经费指标等标准构成。

5 编号规则

5.0.1 标准编号由标准代号、板块序号、模块序号、标准序号、标准发布年号组成。

5.0.2 标准编号规则为 JTG（/T）××××.×—××××。推荐性标准的编号在标准代号后加"/T"表示；JTG 是交、通、公三字汉语拼音的首字母；后面的第一位数字为标准的板块序号，其中 1 代表总体、2 代表通用、3 代表公路建设、4 代表公路管理、5 代表公路养护、6 代表公路运营；第二位数字为标准的模块序号，根据图 3.1.2 中所表示的模块顺序由左往右分别从 1 开始相应编号，未设模块一级的，按 0 编号；第三、四位数字为所属模块的标准序号，按顺序编号，在具体标准编制中，若同属同一标准，但需要分成若干部分单独成册，并构成系列标准的，从 1~9 按顺序编号，前面加"."表示；破折号后为标准发布年份，按 4 位编号。标准编号示意如图 5.0.2-1、图 5.0.2-2 所示。

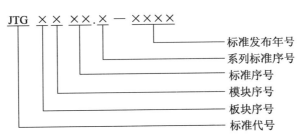

图 5.0.2-1　公路工程强制性标准编号示意

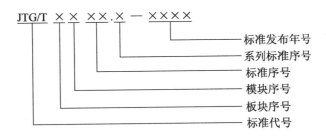

图 5.0.2-2　公路工程推荐性标准编号示意

附件

《公路工程标准体系》

(JTG 1001—2017)

条文说明

1 总则

1.0.1 随着公路网的形成，公路交通发展重点逐步由建设转向公路建设、公路管理、公路养护、公路运营协调发展。本次体系修订在建设和养护类标准的基础上重点增加了管理和运营类标准。

1.0.2 本条界定了体系适用范围，主要指导公路工程标准的体系建设与管理，不适用于公路工程产品的行业标准。

1.0.3 体系范围延续了《公路工程标准体系》（JTG A01—2002）中原条文。

1.0.4 体系的修订从公路建设、管理、养护、运营应符合公路协调发展的要求出发，体现创新、协调、绿色、开放、共享的发展理念，突出安全、质量、环保、智慧的发展需求，这是体系修订的总体思想和原则。

1.0.5 在体系修订中新增了对体系标准属性的规定。严格按照国家关于深化标准化改革的要求，对强制性标准和推荐性标准进行了规定。

1.0.6 本条规定了体系结构的设置原则。本次体系修订着重于公路建设、公路管理、公路养护、公路运营板块的建设与完善，因此要协调各板块间的关系，并保持一定的前瞻性，随着社会发展和技术进步，对体系进一步完善。

1.0.7 本条规定了体系与交通运输其他标准体系的关系，体系内容与涉及公路工程的国家标准、其他行业标准体系协调配套，同时指导相关地方标准、团体标准、企业标准的建立。

2 术语

2.0.2、2.0.3 依据《标准体系表编制原则和要求》(GB/T 13016—2009),本体系用"板块"和"模块"来表示体系的层级结构关系。

3 体系结构

3.1 体系框架

3.1.1 在《公路工程标准体系》(JTG A01—2002)的基础上，本次对标准体系结构进行了完善和调整，根据体系修订的总体思路，标准体系按三层结构划分，分别为板块、模块及标准。板块是在《公路工程标准体系》(JTG A01—2002)的基础上进行了扩展，体现建、管、养、运四位一体协调发展的总体思想，不同板块之间边界明确、关系清晰；模块参考《公路工程标准体系》(JTG A01—2002)中的类别进行划分，模块之间具有相对的独立性，一个或多个模块共同支撑板块的业务功能。

3.1.2 为更直观地展现公路工程标准体系框架结构及层次关系，增加公路工程标准体系框架图。

3.2 板块构成

3.2.1 我国公路建设日新月异、成绩显著，在公路建设发展的同时，为更好地适应路网的不断延伸、基础设施的技术发展以及社会服务诉求的变化，需要进一步调整发展思路，在交通供给侧运筹发力，统筹建设、管理、养护和运营协调发展，突出重点，补足短板，在更高层次满足经济社会发展需要和人民群众出行需求。在此背景下，本次修订对公路工程标准体系结构进一步调整完善，形成总体、通用、公路建设、公路管理、公路养护、公路运营六大板块有机统一。

3.2.2 总体板块继续沿用了《公路工程标准体系》(JTG A01—2002)中"综合"分类的设置原则和定位，是指导公路工程标准体系建设、标准管理及标准编制的统领性要求和纲领，其他板块所涉及的标准应遵循本板块的规定和要求。

3.2.3 通用板块的设置体现公路建设板块、公路管理板块、公路养护板块、公路运营板块所涉及的专业标准的共性特征，是公路建设、管理、养护、运营各环节业务开展应遵循的基本要求。

3.2.4 公路建设一直是公路领域的发展重心，也是提升公路管理、养护、服务水平和能力的基础。公路建设板块的设置既是对《公路工程标准体系》（JTG A01—2002）中相关设置原则和定位的延续，也是对传统公路建设相应流程和工序的总结和提升。

3.2.5 随着公路网络规模不断扩大，公路保护的任务越来越重，公路管理的压力越来越大，相应公路管理队伍建设、站所设置、设施装备配备、业务流程管理等亟需规范化、统一化。公路管理板块的设置一方面是为了贯彻"全面推进依法治国"的精神，提升公路执法整体水平；另一方面也是通过规范执法行为，保障公路基础环境，提升公路通行能力、安全水平和服务水平。

3.2.6 随着公路网的逐步完善，公路的养护需求日益增加，要全面维持好庞大的公路基础设施，并能为社会公众提供更优质高效的服务，需要更加有力的技术支撑。公路养护板块的设置是在《公路工程标准体系》（JTG A01—2002）的基础上，将养护相关的内容独立划分成单独板块。公路养护板块的设置既符合公路养护的发展特点，适应未来养护的发展方向和趋势；又能够传承公路养护多年来积累的经验，适应当前养护技术的发展水平，满足当前的发展需求。

3.2.7 公路运营板块的设置旨在以公路建设为基础，并为公路建设、管理、养护等提供综合信息输出窗口，提升公路基础设施的智能化运行水平，最大程度地发挥路网运行效率，更好地服务社会公众的出行需求。

3.2.8 公路建设、公路管理、公路养护、公路运营各板块之间既界面清晰，又相互关联。不同板块涉及对同一事物从不同角度提出的要求应做到不矛盾、不遗漏，有的技术指标要求需要协调统一，有的需要相辅相成、互为补充。

4 内容及范围

4.1 总体

4.1.1 总体板块不设模块一级，由现行《公路工程标准体系》、《公路工程标准制订管理导则》、《公路工程标准编写导则》等标准构成。

4.2 通用

4.2.1 通用板块按照公路工程的实际需求和发展重点，将公路建设、管理、养护、运营各环节的共性要求进行归纳和总结，划分为基础、安全、绿色、智慧四个模块，用于规范公路建设、管理、养护、运营各环节所应达到的基本技术指标、安全防范要求，并体现对绿色公路、智慧公路的技术引领。

4.2.2 基础模块是支撑公路建设、管理、养护、运营各环节的工程技术基础类标准，包括公路工程技术标准、工程质量检验评定、结构可靠性设计统一标准、设计文件编制办法及图表示例、名词术语、自然区划、通行能力等内容。

4.2.3 安全模块是支撑安全设计、安全施工、安全运营等环节的基础性标准，涉及安全评价、风险防控、应急处置等基础性标准，包括公路安全性评价、涉路工程安全评价等内容。

4.2.4 绿色模块的设置旨在将"科学、环保、节能"的绿色要求贯彻到公路建设、管理、养护、运营全过程。绿色模块涉及生态保护与修复、材料循环利用、能效与排放等基础性标准，包括公路建设项目环境影响评价、公路环境保护、公路工程节能要求、公路生态保护与修复技术、再生材料利用等内容。

4.2.5 在新形势下，公路发展要在继续增量扩能的基础上，发掘路网及配套服务设施潜力，拓展服务内涵，延伸服务链条，提升路网运行整体效率，做强做优存量供给，因此，智慧模块的设置旨在以既有基础设施为基础，引入新技术、新方法，发挥互联、共享的优势，涉及公路信息化总体框架、系统功能、基础数据、数据质量、传输网络、网络安全、信用体系、能源网络等基础性标准，包括路网运行监测、应急处置、联网收费、车路交互以及与建设、养护、运营相关的信息模型建立等内容。

4.3 公路建设

4.3.1 公路建设板块划分为8个模块，其中勘测、设计、施工、监理等模块延续了《公路工程标准体系》（JTG A01—2002）的类别划分；原"检测"类别结合试验检测的发展现状及工程需求，调整为"试验"和"检测"两个模块；同时，在总结近年公路建设经验的基础上，结合项目管理需求和工程管理实际，新增了"项目管理"和"造价"模块，以加强工程项目的规范化、精细化管理，并强化工程造价控制。

4.3.2 随着公路建设的不断深入，项目实施事前、事中及事后的全周期内的规划、决策、组织、协调、控制等管理活动存在共性要求，加强项目管理工作的规范化和标准化，可提升管理工作水平和系统化，使项目按照既定的质量要求、控制工期、投资总额、资源限制和环境条件圆满地实现项目的预期目标。项目管理模块包括项目的集成计划编制、实施，项目活动的排序、时间的估算、工期与作业计划的编制、进度管理与控制、质量的控制与保障措施、人力资源的配置、信息传送、风险识别与管控等内容。

4.3.3 勘测模块是公路勘测、工程地质勘察及水文勘测时应遵循的技术要求，以提高公路勘测、工程地质勘察水平和质量，规范勘测、勘察等工作。勘测模块包括路线、路基、路面、桥涵、隧道、交通工程及沿线设施等的勘测与调查、工程地质勘察、水文的调查勘测及计算分析等内容。

4.3.4 设计模块是开展新建和改扩建公路设计时应遵循的技术要求，以规范路线方案选定、公路构造物等各项设计工作，保障设计质量。设计模块包括路线设计、路基设计、路面设计、桥涵设计、隧道设计、交通工程及沿线设施设计、改扩建设计等内容。

4.3.5 试验模块是公路设计、施工、养护、运营等环节开展室内试验时应遵循的技术要求。为适应我国公路建设健康有序发展和管理水平稳步提升，为设计和施工提供可靠的计算依据和参数，保证材料生产管理水平、工程设计和施工质量，对试验技术、设备性能和规范化试验方法及操作提供了更高的要求，将原"检测"类别中的室内试验标准单独列出，成为"试验模块"。试验模块包括土工试验、土工合成材料试验、岩石试验、集料试验、结合料试验、沥青及沥青混合料试验、水泥及水泥混凝土试验等内容。试验模块中规定的各项技术要求，不仅适用于公路设计和施工等环节，也适用于公路的管理、养护、运营等环节。

4.3.6 检测模块是公路设计、施工、运营等环节现场检测时应遵循的技术要求。原"检测"类别中室内试验标准移到"试验"模块，仅保留现场测试和检测的标准。检测模块包括路基路面现场测试、桥梁现场检测、隧道现场检测、机电系统现场检测等内容。

4.3.7 施工模块是新建和改扩建公路施工时应遵循的技术要求，以提高公路工程施工技术水平，实现设计要求的预期目标，保证施工质量。施工模块包括路基施工、路面施工、桥涵施工、隧道施工、交通工程及沿线设施施工等内容。

4.3.8 为加强公路工程的全流程、各环节工作的监管，确保工程质量，有效控制工期，规范资金使用，设置监理模块。监理模块用以指导建设期间公路工程施工的监督和管理。

4.3.9 为适应国家经费管理的相关要求和满足公路工程建设工作的计价需求，设置造价模块。造价文件编制导则是公路工程建设项目造价文件体系的总领性文件；投资估算标准包括投资估算编制办法和配套指标等内容；概算预算标准包括概算预算编制办法和配套定额等内容；工程量清单标准包括施工招标范本和工程量清单计价规则等内容。

4.4 公路管理

4.4.1 公路管理板块按照执法保障、实施和监督内容，划分为6个模块，其中站所、装备、信息系统、造价模块用于指导公路管理支撑条件建设，执法、路域环境模块用于指导公路管理和运政执法工作开展，以促进公路执法、运政执法严格规范公正文明，推动创建"畅、安、舒、美"的交通环境。

4.4.2 为提升执法队伍素质形象，提高公路管理和运政执法的权威性，提高工作成效，需要对基层站所进行标准化建设，统一基层站所建设要求，统一站所外观标识、标志要求。站所模块由基层公路、运政执法站所建设标准和外观标识、标志标准构成。公路、运政执法站所包括公路超限检测站及其他执法站所。站所建设标准包括执法功能、建设面积，以及执法应急处置设施在内的执法设施、服务设施要求等内容。其中公路超限检测站建设标准包括站址选择、功能区设置、称重设施、服务设施要求等内容。外观标识、标志标准包括外观标识、标志的颜色、徽记要求等内容。

4.4.3 执法装备是保证执法成效及执法人员人身安全的基础条件。统一车载移动执法取证系统、手持机、摄像机等基层执法装备配备标准，有利于降低取证难度，认定违法事实，提高执法能力和成效。装备模块由执法车辆配置、取证仪器设备、现场处置装备和设备等标准构成。执法车辆配置标准包括公路执法车辆配置、运政执法车辆配置等内容。取证仪器设备配备标准包括视听资料摄录设备、非现场取证设备、照相设备配置等内容。现场处置装备和设备配置标准包括执法应急处置装备和设备、执法人员安全防护设备等内容。

4.4.4 《中共中央关于全面推进依法治国若干重大问题的决定》提出，要加强行政执法信息化建设和信息共享，提高执法效率和规范化水平。为适应交通运输信息化发展需求，需要加强信息系统建设，推进网上流程管理、网上审批、网上监督和网上考评，提升执法效率和服务水平。信息系统模块中的行政执法信息系统是由行政许可、行政处罚、行政强制、行政检查等行政执法信息构成的系统。行政执法信息系统标准包括超限行政许可信息系统建设、非现场执法信息系统建设等内容。本模块还包括信用系统建设等内容。

4.4.5 执法是公路管理的重要手段。为促进执法人员坚持严格规范公正文明执法，需要对执法行为进行指导、规范和评价。根据《中共中央关于全面推进依法治国若干重大问题的决定》列举的六类行政执法行为，公路、运政执法行为包括行政许可、行政处罚、行政强制、行政检查，因此将上述四类标准作为执法实施的依据，同时设置执法评价标准作为执法监督的依据。行政许可标准包括非公路标志设置技术、超限运输许可、涉路施工质量和安全评价、更新采伐护路林许可、涉路施工工程验收等内容；行政处罚标准包括技术监控图像取证技术、现场图绘制、现场勘验流程、技术监控记录等内容；行政强制标准包括公路遗洒物障碍物或者污染物处置、行政执法扣押车辆处置等内容；行政检查标准包括公路和运政行政检查计划、公路和运政行政检查、公路和运政执法文书制定、公路和运政行政执法案卷装订等内容；执法评价标准包括公路登记的评价、公路和运政执法全过程记录评价、执法考核百分制的指标及权重、公路和运政执法责任指标体系等内容。

4.4.6 为全面优化路域环境，提升公路通行能力、路况水平、安全水平和交通综合服务水平，需要制定公路路域环境综合治理标准。路域环境模块由对公路、公路附属设施、公路用地、公路建筑控制区、公路安全保护区、公路规划控制区的治理水平进行综合评定的指标、现状检查、效果评价等标准构成。评定指标包括治理制度、机构、措施等内容。现状检查标准包括对上述区域内综合治理现状的检查主体、程序、方法等内容。效果评价标准包括对上述区域内综合治理的效果评价方法、结果等内容。

4.4.7 为适应国家经费管理的相关要求和满足公路管理、运政执法的计价需求，设置造价模块。该模块由人员、装备、站所、信息系统、业务经费指标等标准构成。人员包括基层公路执法、运政执法、路域环境治理等相关人员费用；装备模块包括基层公路、运政执法的装备配置和设施建设费用；站所包括基层站所（包括超限检测站）的建设、维修保养费用；信息系统包括行政执法信息系统、信用系统的费用；业务经费指标包括行政许可、行政处罚、行政强制、行政检查、执法评价、路域环境整治等费用指标。

4.5 公路养护

4.5.1 公路养护板块按照公路养护的主要业务内容划分为6个模块，其中综合模块明确了公路养护的要求和方向，检测评价、养护决策、养护设计、养护施工和造价等用于指导具体养护工作的开展。目前养护监理工作主要是参照建设监理的工作内容、工作方法和工作要求等，因此公路养护板块中未设置养护监理的内容；同时，在公路养护过程中，部分的试验检测、勘察勘测、施工等工作，如沥青混合料的性能检测、地质水文情况的勘察、路面的铺筑等工作与公路建设过程中相关工作的要求、方法相同，参照公路建设板块的相关标准执行。

4.5.2 公路各类基础设施在养护方面存在许多共性要求，而且养护过程中技术与管理是密切联系的，需要从养护全局的角度明确总体要求，使技术与管理的发展相互适应，相互促进，并为各专业的养护提供方向性引导。综合模块明确了公路养护的总体要求，以及路基、路面、桥涵、隧道、交通工程及沿线设施等各个专业的具体养护要求。

4.5.3 详细了解和掌握公路基础设施的状况与性能是科学开展公路养护工作的必要前提，不断完善的方法理论、不断进步的技术措施、不断创新的装备设备，是全面开展检测与评价工作的基础。检测评价模块主要包括现场检测及监测、技术状况评定、设施性能评价等内容。现场检测及监测主要是为获取各类公路基础设施的状况或性能数据而开展的检测监测所遵循的方法、要求；技术状况评定是在检测及监测的基础上，对公路及其基础设施的整体状况进行定量评价的方法、标准；设施性能评价主要是针对已投入运营公路基础设施或其组成部分的性能进行的评价。

4.5.4 为适应公路养护发展趋势，提升养护资金使用效益和公路养护决策的科学化程度，设置养护决策模块。本模块主要包括决策方法和数据管理等内容。决策方法是利用相关检测或监测数据进行养护决策的方法、流程；数据管理是明确检测或监测数据的存储、分析的要求、方法。

4.5.5 养护设计是养护工程实施的基础，设计时需要对养护对象的现状、问题及产生的原因进行深入的分析，从而提出有针对性的方案，并且要提出合理的方案措施，以保障养护实施过程中的车辆通行。同时，随着养护事业的发展，近年来我国在公路养护设计方面也积累了丰富的经验，形成了较为成熟的设计流程、设计方法等，有必要对相关内容进行系统的总结和提升，以规范和指导养护设计工作。本模块主要包含路基、路面、桥涵、隧道、交通工程及沿线设施等各类设施的设计标准。

4.5.6 养护施工主要用于指导养护工程的具体实施，养护工程施工中的部分工作可以参照公路建设板块的相关标准，但总体上看与新建工程还存在一定的差异。本模块所指的养护施工主要是针对预防养护、修复养护和应急养护等养护工程，而对于日常养护的相关要求则纳入到综合模块中。本模块主要包含路基、路面、桥涵、隧道、交通工程及沿线设施等各类设施的施工标准，以及施工作业和施工管理等。施工作业标准主要是针对施工作业的总体的通用性要求；施工管理主要是施工过程中相关管理行为的要求。

4.5.7 为适应国家经费管理的相关要求和满足公路工程养护工作的计价需求，设置造价模块。造价模块由养护预算导则、预算、工程量清单等标准构成。养护预算导则是公路养护预算的总领性文件，规定养护预算的费用框架；预算标准包括预算编制办法和配套定额；工程量清单标准包括养护工程量清单计价规则等内容。

4.6 公路运营

4.6.1 公路运营板块划分为6个模块。其中运行监测模块用于指导公路运行监测体系建设，出行服务、收费服务、车路协同模块，用于指导公众出行服务系统建设，应急处置模块用于指导公路突发事件应急处置相关工作开展，以提升公路运营信息化、智能化水平，推动"智慧公路"体系建设。公路运营中涉及公路信息化总体框架、系统功能、基础数据、数据质量、传输网络、网络安全、信用体系等基础性标准内容，不在本板块中规定，直接引用通用板块中的相关标准。

4.6.2 随着交通量的快速增长，路网运行压力日益增大，实时全面监测路网运行状态是实施路网管理、保障路网安全畅通的重要前提。随着信息技术和互联网技术的发展，运行监测的数据来源和处理方法也日益丰富。运行监测模块由公路沿线监测设施设置、基于移动终端的智能感知、云平台技术要求、"互联网＋"技术融合应用等标准构成。其中，公路沿线监测设施包括监测设施设置、监测内容、数据传输、数据共享交换等内容；基于移动终端的智能感知包括基于移动终端的交通运行与服务业务功能要求、软硬件技术要求、安全与接口要求等内容；云平台技术要求包括大数据融合处理、路网运行评价、云平台软硬件技术要求等内容；"互联网＋"技术融合应用标准包括互联网数据接入与质量评价等内容。

4.6.3 为了提升公路沿线服务区及沿线信息发布设施的服务能力和服务水平，促进公路出行信息服务的多样性和便利性，设置出行服务模块。出行服务模块由服务设施和出行信息服务等标准构成。服务设施标准包括公路沿线服务区（站、点）的功能、运营和服务规范以及评价方法，沿线信息发布设施设置及技术要求等内容；出行信息服务包括出行信息发布内容及数据格式、服务水平及质量评价等内容。

4.6.4 联网收费历经多年的建设和发展，实现了省域内联网收费和全国电子不停车联网收费，标准建设相对完善。随着移动互联网、大数据、云计算等新技术的快速发展，信用体系的不断健全，移动支付、多车道自由流等收费方式将逐步成为现实，有必要对新补充的收费模式、功能和联网等内容加以规范和引导。为指导收费公路联网收费系统在不同收费模式下的相关设施建设、管理、联网运营和服务，设定收费服务模块。本模块除传统的人工半自动收费、电子不停车收费相关标准外，还将设置移动支付、多车道自由流等多种收费模式下的软硬件技术要求、操作流程、检测规程、联网运营和服务规范、收费信用体系等方面的标准内容。

4.6.5 目前公路突发事件应急处置标准体系尚未形成，应急中心建设、应急装备配备和人员队伍建设缺乏依据和标准，应急处置过程不规范，影响了公路突发事件快速、有效处置，制约了公路应急能力的进一步提升，有必要加以规范和指导。应急处置模块由应急中心建设、装备与物资配备、应急处置技术等标准构成。应急中心建设标准包括应急中心能力要求、功能区设置、物资管理、标志标识等内容；装备与物资配备包括装备技术条件、配备标准、储备与运维保障等内容；应急处置技术标准包括应急抢通、通信保障、应急演练、应急评估技术等内容。

4.6.6 为适应智能驾驶以及营运车辆等以车路交互方式的驾驶安全预警与控制系统的发展，推动安全、高效、节能、绿色的公众出行环境，为管理者提供全新的运行管理模式，设置车路协同模块。车路协同模块由路侧智能设施设置、车路交互通信、安全预警等标准构成。路侧智能设施设置标准包括设施设置、软硬件技术要求、多交互模式的兼容性等内容；车路交互通信标准包括车路交互接口、通信协议、信息集、信息的优先级别等内容；安全预警标准包括安全场景定义、安全响应行为和指令、交互流程等内容。

4.6.7 为适应国家有关经费管理要求和满足公路运营工作的计价需求，设置造价模块。造价模块由人员、设备、业务经费指标等标准构成。人员包括运行监测、出行服务、收费服务、应急处置、车路协同等相关人员及高速公路运营单位综合管理的人员的费用。设备和业务经费按照公路运营的不同业务内容分别制定，以经济指标的形式体现。

5 编号规则

5.0.1、5.0.2 公路工程标准编号主要参考国家标准、行业标准等编号原则，按照公路工程标准体系的层级划分制定的，不同的数字排列代表公路工程标准体系板块、模块以及标准上下级之间的关系。